CIP-Titelaufnahme der Deutschen Bibliothek

Bellamy, David:
Wie die Natur überlebt / David Bellamy. Bilder von Jill Dow.
[Übers. aus d. Engl. von Cornell Ehrhardt]. – München : F.
Schneider ; Wien ; München : Jugend u. Volk
(S-Bilderbuch)
Engl. Orig.-Ausg. u.d.T.: Bellamy, David: Bellamy's changing world
NE: Dow, Jill:

Am Feldweg. – 1988
Engl. Orig.-Ausg. u.d.T.: Bellamy, David: The roadside
ISBN 3-505-09862-0 (Schneider) Gb.
ISBN 3-224-11155-0 (Jugend u. Volk) Gb.

Originaltitel: Bellamy's Changing World-The Roadside

Übersetzung aus dem Englischen von Cornell Ehrhardt, Goldenstedt
Umschlagbild und Illustrationen: © 1988 Jill Dow
Design und Art Direction: Debbie Mackinnon
Lektorat: Michael Eppinger
Herstellung: Hermann Staltmaier

Gedruckt und gebunden in Italien

ISBN: 3 505 09862-0 (Franz Schneider Verlag, München)
Bestell-Nr.: 9862
ISBN: 3 224 11155-0 (Jugend und Volk, Wien)

Wie die Natur überlebt

Am Feldweg

David Bellamy
Bilder von Jill Dow

Franz Schneider Verlag München

Jugend und Volk Wien München

Nur wenige Meter von der Landstraße entfernt liegt dieser schmale Feldweg. Er führt zu einem alten Bauernhof. Ein reicher Bauer hat das ganze Land aufgekauft. Da er die Gebäude nicht braucht, steht der Bauernhof nun leer. Deshalb wird auch der alte Feldweg nur noch selten benutzt. Er ist schon fast zugewachsen. Am Wegesrand haben sich viele Wildpflanzen angesiedelt. Von ihrem Nektar ernähren sich

zahlreiche Schmetterlinge und andere Insekten. Jetzt, im Hochsommer, blühen hier weiße Wucherblumen, violette Wicken und Flockenblumen. Im Getreidefeld hinter dem Gatter ist für solche Pflanzen kein Platz. Dort werden sie als Unkraut bekämpft. Die kleine Wühlmaus beobachtet aufmerksam das bunte Treiben. Ob sie sich wohl in der achtlos weggeworfenen Dose ein Nest gebaut hat?

Ein Stückchen weiter führt der alte Feldweg durch einen kleinen Wald. Hier wachsen Farne und Moose, denn unter den Bäumen ist es feucht und kühl. Auf einem Stein sitzt eine dicke Kröte. In den alten, ausgefahrenen Reifenspuren hat sich an einigen Stellen Wasser gesammelt. Dort gedeihen Sumpfdotterblumen und

Binsen gut. Auf dem toten Stamm einer umgefallenen Weißbirke wachsen Baumpilze. Die vielen Löcher im Holz stammen von Spechten, die hier nach Insekten gesucht haben. Der Fuchs macht sich schnell davon. Wenn Menschen in der Nähe sind, muß er vorsichtig sein. Kannst du ihn noch sehen?

Am Waldrand bei der Kuhweide haben die Füchse ihren Bau. Er liegt gut versteckt unter einer Hecke aus Kastanien und Hundsrosen. Die Füchsin wälzt sich genüßlich auf der Erde, und der Fuchs beschnuppert vorsichtig eine dicke Kröte. Er weiß, daß Kröten nicht schmecken. Füchse fressen lieber Kaninchen, Vögel, Ratten oder Mäuse – wenn sie welche fangen können. Obwohl hier alles ruhig ist, müssen die Füchse immer auf der Hut sein. Solch einsame Wege sind bei Jägern sehr beliebt.

An dieser Stelle fließt ein Bach über den alten Feldweg und mündet in einen kleinen Teich. Die große Weide liebt Feuchtigkeit und gedeiht am Bachufer gut. Am Teichrand wachsen Rohrkolben und Seggen. Es ist sehr still hier.

Der Reiher beobachtet einen kleinen Fisch, der aus dem Wasser springt. Auch die Fischotter, die am anderen Ufer herumgetollt haben, sind auf den Fisch aufmerksam geworden. Auf den Seerosenblättern nehmen junge Kröten ein Sonnenbad. Die alte Kröte versucht, eine große Libelle zu fangen. Auch die Teichrohrsänger im Schilf halten nach Insekten Ausschau. Ob ihnen die Libelle wohl noch entkommen kann?

Dort, wo sich der alte Feldweg den Hügel hinaufwindet, führt er wieder an Feldern vorbei. Das Getreide ist fast reif. Schon bald wird ein riesiger Mähdrescher kommen, um es abzuernten. Auch hier wachsen noch viele bunte Blumen:
gelbe Goldruten, rosa Weidenröschen, lila Glattblattastern, roter Klatschmohn, hellgelbes Kreuzkraut und gelbe Sonnenwend-Wolfsmilch.

Zwischen den Gerstenhalmen haben sich zwei Zwergmäuse ein Nest gebaut. Auch den Sperlingen gefällt es hier, denn es gibt viele Samen zu fressen.

Vom Hügel aus hat man einen herrlichen Blick auf die Felder und Wiesen. Der alte Feldweg führt an dieser Stelle um einen Sandsteinfelsen herum. Hier haben Schmetterlinge in der Sonne ihre Flügel ausgebreitet. Auf der Goldrute sitzen viele Schnecken.

Die Drossel hat hier ein Festmahl abgehalten. Schnecken sind ihre Lieblings-

speise. Um an sie heranzukommen, hat die Drossel die Schneckengehäuse auf einem flachen Stein aufgeschlagen. Dicht daneben ist wohl der Stammplatz eines Waldkauzes. Er fliegt gerade über die Felder. In der Dämmerung oder nachts jagt er nach Mäusen, Ratten und Vögeln. Manchmal frißt er auch Frösche oder größere Insekten. Die unverdaulichen Teile seiner Beutetiere würgt der Waldkauz wieder aus. Diese zusammengeballten Nahrungsreste heißen Gewölle. Auf dem Stein liegt eines. Die einzelnen Bestandteile des Gewölles, wie Haare, Federn und Knochen, sind gut zu erkennen.

Auf der anderen Seite des Hügels wachsen Brombeeren, rote Lichtnelken und weiße Süßdolden. Von hier aus kann man den verlassenen Bauernhof gut sehen. Aber anders als sonst ist dort heute allerhand los: Am Fuß des Hügels steht ein Landvermesser und einige Baufahrzeuge. Es scheint,

als sei die Ruhe auf dem alten Bauernhof bald dahin. Die Schwalben, die sich in den verlassenen Gebäuden ihre Nester gebaut haben, fliegen schon davon. Und den alten, abgestorbenen Baum, in dem der Waldkauz wohnt, gibt es vielleicht auch nicht mehr lange. Was soll hier wohl geschehen?

Im Frühjahr, wenn hier sonst alles zu grünen beginnt, ist der alte Feldweg zu einer Schlammwüste geworden. Die Füchse schauen sich an diesem seltsamen Ort neugierig um. Die meisten Pflanzen und Tiere sind jedoch verschwunden. Nur einige Binsen wachsen noch in den Fahrspuren.
Dies ist die Stelle, wo früher der Teich war. Die Kröten haben ihre Eier in einer Pfütze abgelegt. Sie konnten ihren alten Laichplatz nicht mehr finden. Ob aus den Eiern wohl noch Kaulquappen ausschlüpfen werden?

Obwohl überall gebaut und gearbeitet wird, haben sich noch vor dem Sommer einige Pflanzen und Tiere eingefunden. Heute, am Sonntag, ist hier alles ruhig. Wenn der Aufseher in seine Hütte geht, kommen die Tiere hervor. Die Stare wagen sich dann bis an die Treppe, und die Spatzen picken frech an seinem Frühstücksbrot. Sogar der scheue Fuchs schaut dann in den Müllsäcken nach, ob er etwas Leckeres zu fressen findet. Auf dem Erdhaufen, der erst vor kurzer Zeit abgeladen wurde, blüht es schon wieder. Hirtentäschel, Goldrute und die leuchtendblauen Kornblumen wachsen schnell und locken Schmetterlinge an. Auf dem Kreuzkraut kriechen die Raupen des Bärenspinners.

Nun sind die Arbeiter fertig, und jeder kann sehen, was hier in den letzten Monaten passiert ist! Dort, wo früher der alte Feldweg entlangführte, wurde eine kerzengerade sechsspurige Straße gebaut. Hecken gibt es hier jetzt nicht mehr, aber der Wald ist glücklicherweise verschont geblieben. Am Straßenrand hat man Gräser und Sommerblumen gesät. Dort finden Schmetterlinge und andere Insekten Nahrung.

Der Turmfalke jagt nun am Straßenrand nach Mäusen. Vielleicht kommt bei Nacht sogar der Waldkauz hierher. Auf dem Mittelstreifen wächst Kreuzkraut und Storchschnabel. Und nach dem Regen der letzten Nacht sind Schopftintlinge aus dem Boden geschossen. Doch all die anderen schönen Wildpflanzen sind verschwunden.

Es ist wieder Frühling. An dieser Stelle führte früher der alte Feldweg den Hügel hinauf. Jetzt verläuft hier die Straße durch einen tiefen Einschnitt im Sandsteinfelsen. In die felsige Böschung haben Uferschwalben ihre Nisthöhlen gebaut. Eine vergrößert gerade das Nest, damit ihre Jungen genügend Platz haben.

Obwohl nur wenige Meter entfernt die Autos vorbeifahren, döst die Füchsin in der Sonne. Vor Jägern brauchen die Füchse jetzt keine Angst mehr zu haben, denn an der neuen Straße darf niemand mehr entlanglaufen. Von den Gefahren des Straßenverkehrs ahnen die kleinen Füchse jedoch noch nichts.

Die Straßenbauer haben versucht, den Schaden für die Natur so gering wie möglich zu halten. Unter der Straße haben sie ein dickes Rohr verlegt. Durch dieses Rohr fließt der Bach jetzt in einen neu angelegten Teich. So können auch die Kröten sicher vom Wald zu ihrem Laichplatz im Teich gelangen.

Am Ufer haben sich schon Rohrkolben und andere Wasserpflanzen angesiedelt. Vielleicht finden die Teichrohrsänger hier ein neues Zuhause. Eine Entenfamilie hat sich schon eingefunden. Und Schwalben sind auch gekommen, um hier den Sommer zu verbringen. Die neue Straße scheint diese Tiere nicht zu stören. Aber für die Fischotter und die Reiher ist es an der Straße zu laut, denn sie lassen sich am neuen Teich nicht mehr sehen. Wo finden sie wohl ihr neues Zuhause?